InfiniteVerse

Tuhan yang Indah

Puisi Renungan untuk Saat Teduh

Abraham Reymond

TUHAN YANG INDAH: PUISI RENUNGAN

First edition. January 22, 2026.

ISBN: 979-8233213274

Written by Abraham Reymond.

Also by Abraham Reymond

7 Deadly Sins in Poetry
My Thief of Joy
Romanticized Sin

Darkness of Entertainment Industry
When Art Stands Above Life
Genius Lost in Silence
Art As Slavery

Heartbreak
Unreachable, Unavailable
Kekasih orang
Just A Dead Star
Will You Love a Depressed Person?
Puisi Novel Kekasih Orang

History of mankind
Verses of Three Kingdoms

Household Poetry

Kitchen Psalms

Daily Baptism

The Child's Dreamroom

Lamentation

Not Dead, Not Living

Meratapi Nasib

How the Star Has Fallen

Death Is a Blessing

Lament of Sacred Spaces

Not Everyone Is Chosen

Puisi Renungan: Meratapi Nasib

Praise & Worship Collection

The Epitome of Beauty

God of My Youth

Psalms For Children

Tuhan yang indah

Worship in Heartbreak

Registered in Heaven

Romance in the air

One Love Until the End

Senyuman yang kusuka

Girl of My Dreams

Sanctuary of the Parents
Renungan: Senyuman yang Kusuka

Romantic Novel in Verse
One Love Until the End: A Novel in Verse

The wonders of nature
God's Breath of Life
The Rooted Ones

The Work of Worship
The Work of Worship I: Prayer

Verses of animals and beasts
Ancient Echoes: Creatures of Old
Mythbeasts: Songs of the Imagined
Mythbeasts: Songs Of The Imagined, Illustrated Edition
Songs Beneath the Water

Wisdom Psalms
Wake up, sleeper
Berbahagialah
The Wisdom Chronicles
Building Churches in Our Youth
Money As My Servant

Their First Church is You
Leadership Born From Depression

Worship Poetry Devotional
The Epitome of Beauty: A Poetry Devotional
God of My Youth: A Poetry Devotional
Tuhan yang Indah: Puisi Renungan

Standalone
Things We Overlook: A Mall Poetry Collection
Bites & Rhymes
Foundation of Logic And Reality
Girl of My Dreams
Girl of My Dreams: Illustrated Edition
Love in Style
Will You Love a Depressed Person?: Novel in Verse
Wake Up, Sleeper: A Poetry Devotional
Things We Overlook — Illustrated Edition
The Days When Magic Broke
Unreachable, Unavailable – A Novel in Verse
Atlas of the Endless Realms
The Martial Muse
Illustrated Bites & Rhymes

Watch for more at patreon.com/Reymondpoems.

Daftar Isi

Tuhan yang indah

Sebuah Puisi Renungan

BAGIAN I — MELIHAT ALLAH APA ADANYA

(Kekaguman & Penyembahan)

Bagian ini mengajak kita memandang Allah apa adanya.
Sebelum membawa permohonan atau pergumulan,
Kita diajak untuk mengenal siapa Dia.
Puisi-puisi di bagian ini lahir dari kekaguman dan penyembahan.
Bukan untuk menjelaskan Allah,
Melainkan untuk mengakui kebesaran dan keindahan-Nya.
Kita datang tanpa tuntutan,
Tanpa agenda,
Dengan hati yang terbuka.
Di sini, penyembahan menjadi respons yang jujur
Ketika kita menyadari siapa Tuhan itu.

Ayat Alkitab

"Kasih setia TUHAN tak berkesudahan, rahmat-Nya tak habis-habisnya, selalu baru tiap pagi; besar kesetiaan-Mu."

— *Ratapan 3:22–23*

Puisi

Tuhan yang Indah

Sungguh indah kasih setia-Mu
S'lalu baru s'tiap pagi
Sungguh ajaib karya tangan-Mu
S'lalu buatku terpesona
Kau Tuhan yang indah
Tak ada yang dapat lukiskan
Betapa indahnya diri-Mu oh Tuhan
Keindahan-Mu melampaui pikiranku
Sungguh hebat kesetiaan-Mu
S'lalu menyenangkanku
Sungguh luar biasa perbuatan-Mu
S'lalu menghibur diriku
Kau Tuhan yang ajaib
Tak ada yang setara dengan-Mu
Betapa kuatnya pribadi-Mu oh Tuhan
Keperkasaan-Mu tiada taranya
Kucinta Kau Tuhan
Sebab Kau jadikanku indah seperti-Mu
Kusayang Kau Yesus
Sebab Kau bentuk aku serupa dengan-Mu
Tuhan yang indah itu Engkau
Tuhan yang ajaib itu Engkau
Kau Tuhan yang indah
Tak ada yang dapat lukiskan
Betapa indahnya diri-Mu oh Tuhan
Keindahan-Mu melampaui pikiranku

Renungan

Hari ini kita tidak datang untuk meminta apa pun.
Kita hanya berhenti sejenak dan mengingat siapa Tuhan itu.
Di tengah rutinitas yang sering terasa biasa,
kita diajak kembali melihat keindahan-Nya—
kasih setia yang tidak menua,
karya tangan yang tidak pernah lelah.
Keindahan Tuhan tidak selalu membuat keadaan berubah,
tetapi sering kali mengubah cara kita memandang hidup.
Saat kita menyadari siapa Dia,
hati kita ditenangkan dan dipulihkan.
Kita belajar untuk kagum lagi,
dan membiarkan kekaguman itu
menjadi awal dari penyembahan yang jujur.

Doa

Tuhan, hari ini kami datang apa adanya.
Kami mengakui keindahan dan kesetiaan-Mu.
Terima kasih untuk kasih yang selalu baru
dan karya-Mu yang menopang hidup kami.
Tenangkan hati kami di hadirat-Mu.
Bentuk kami semakin serupa dengan-Mu.
Biarlah kami terus berjalan
dengan hati yang penuh syukur dan penyembahan.
Amin.

Ayat Alkitab

"Sebab segala sesuatu berasal dari Dia, dan oleh Dia, dan kepada Dia. Bagi Dialah kemuliaan sampai selama-lamanya."

— *Roma 11:36*

Puisi

Keindahan-Mu Melebihi Dunia

Yesus Tuhan Rajaku
Kemuliaan-Mu penuhi bumi
Hikmat-Mu dalam setiap perkara
Ajaib seluruh ciptaan Tuhan
Kasih Yesus termulia
Selalu baru setiap pagi
Keindahan-Mu melebihi dunia
Kau lebih dari segalanya
Tak ada yang setara dengan-Mu
Jauh melebihi penguasa dunia
Kenikmatan kekal Kau janjikan
Selamanya cinta-Mu mengalir dalamku
Kasih Tuhan termanis
Perbaharui aku setiap hari
Kemegahan-Mu tak terbandingkan
Kau lebih dari cukup bagiku
Dosaku telah ditebus
Aku telah diselamatkan
Keindahan-Mu melebihi dunia
Aku mau menyembah-Mu selalu

Renungan

Hari ini kita mengingat kembali
bahwa ada keindahan yang tidak bisa digantikan oleh apa pun.
Di tengah dunia yang menawarkan banyak hal,
kita diajak untuk melihat kepada Tuhan
yang melampaui segalanya.

Keindahan-Nya tidak bergantung pada keadaan.
Ia tetap sama, setia, dan penuh kemuliaan.
Saat kita mengarahkan hati kepada-Nya,
kita menemukan ketenangan dan kecukupan.
Kita tidak perlu mencari jauh-jauh
untuk menemukan makna dan kepuasan.
Di dalam Tuhan, kita belajar bahwa
Dia lebih dari cukup bagi hidup kita.

Doa

Tuhan, hari ini kami memandang kepada-Mu.
Kami mengakui bahwa keindahan-Mu
melebihi segala yang ada di dunia ini.
Tenangkan hati kami di hadirat-Mu.
Perbaharui kami hari ini.
Biarlah hidup kami
menjadi ungkapan penyembahan kepada-Mu.
Amin.

Ayat Alkitab

"Aku adalah Alfa dan Omega, Yang Awal dan Yang Akhir, Yang Ada dan Yang Sudah Ada dan Yang Akan Datang, Yang Mahakuasa."

— *Wahyu 1:8*

Puisi

Engkau Tuhan yang Hidup

Yesuslah Alfa dan Omega
Selalu ada di setiap waktu
Nafas-Mu kurasakan di bumi
Terukir indah dalam karya salib-Mu
Engkau Tuhan yang hidup
Kuasa maut telah Kau kalahkan
Berkat-Mu tersedia di setiap langkahku
Jiwa ragaku bersuka karena-Mu
Kaulah Yang Awal dan Yang Terakhir
Sumber kehidupan yang sejati
Dari masa penciptaan sampai kekekalan
Kasih-Mu terasa lekat di hati manusia
Kematian tunduk dalam nama-Mu
Hidup kekal tersedia pada Yesus
Jalan yang benar untuk hidupku
Engkau Tuhan yang hidup

Renungan

Hari ini kita berhenti sejenak
untuk mengingat bahwa Tuhan yang kita sembah
bukan Allah yang jauh atau diam.
Dia adalah Tuhan yang hidup,
hadir di setiap waktu,
menyertai setiap langkah kita.
Di tengah dunia yang terus berubah,
Dia tetap sama—awal dan akhir hidup kita.
Saat kita mengingat kemenangan-Nya atas maut,

hati kita dikuatkan.
Hidup kita tidak berdiri di atas ketakutan,
melainkan di atas pengharapan yang kekal.
Kita boleh memulai hari ini dengan tenang,
karena hidup kita ada di dalam tangan Tuhan yang hidup.
Doa
Tuhan, hari ini kami bersyukur kepada-Mu.
Engkau Allah yang hidup dan setia.
Terima kasih karena hidup kami
ada dalam kuasa dan kasih-Mu.
Tenangkan hati kami hari ini.
Pimpin setiap langkah kami.
Biarlah kami berjalan
dengan pengharapan yang teguh di dalam-Mu.
Amin.

Ayat Alkitab

"Sebab Allah adalah Raja seluruh bumi; bermazmurlah dengan nyanyian pengajaran."

— *Mazmur 47:7*

Puisi

Yesus Kau Rajaku

Kemuliaan bagi-Mu Tuhan
Kau Allah yang perkasa
Kasih-Mu berkuasa selamanya
Kuduslah nama-Mu Yesus
Yesus Kau Rajaku
Aman aku dalam naungan-Mu
Jika Rajaku ada di pihakku
Siapa jadi lawanku?
Terpujilah nama-Mu Tuhan
Kau Allah yang mulia
Kasih-Mu memerintah selamanya
Sucilah nama-Mu Yesus
Yesus Kau Rajaku
Tenang aku dalam hadirat-Mu
Rajaku melindungi aku
Takkan aku gentar
Berbahagialah aku selamanya
Sebab Yesus adalah Raja atasku
Keluargaku diberkati oleh-Mu Tuhan
Damai sejahtera memelihara kehidupanku
Kusorakkan haleluya
Terpujilah Engkau Yesus Tuhan
Raja damai yang berkuasa
Takhta kasih-Mu megah selamanya

Renungan

Hari ini kita mengingat kembali

siapa yang memerintah hidup kita.
Bukan ketakutan, bukan keadaan,
melainkan Yesus, Raja yang penuh kasih.
Saat kita mengakui Dia sebagai Raja,
hati kita menemukan ketenangan.
Kita tidak harus menguasai segalanya,
karena hidup kita ada di bawah pemerintahan-Nya.
Di dalam hadirat-Nya,
kita belajar untuk tidak gentar.
Kasih-Nya memelihara,
dan damai sejahtera-Nya menjaga langkah kita hari ini.
Doa
Yesus, Raja kami,
kami bersyukur karena Engkau memerintah hidup kami.
Di bawah kasih-Mu, kami aman dan tenang.
Pimpin hari ini dengan damai-Mu.
Lindungi setiap langkah kami.
Biarlah hidup kami
tetap tinggal di dalam naungan-Mu.
Amin.

Ayat Alkitab

"Sebab tidak ada seorang pun yang dapat meletakkan dasar lain dari pada dasar yang telah diletakkan, yaitu Yesus Kristus."

— 1 Korintus 3:11

Puisi

Tuhan Allah Kita

Tak ada Allah lain
Hanya Yesus yang kita sembah
Darah-Nya dicurahkan bagi kita
Kuasa salib-Nya menyelamatkan
Yesuslah Tuhan Allah kita
Pujilah Nama-Nya yang kudus
Kasih karunia yang ajaib
Selamanya Dia yang termulia
Tak ada manusia lain
Hanya Kristus yang kita puja
Bilur-Nya sembuhkan luka kita
Pengorbanan-Nya menghidupkan
Yesuslah Tuhan Allah kita
Sembahlah Pribadi-Nya yang baik
Cinta tulus yang indah
Seterusnya Dia yang terhebat
Marilah puji nama Yesus
Sebab Ialah Jalan Kebenaran
Hidup kekal Ia janjikan
Terpujilah Tuhan Allah kita

Renungan

Hari ini kita kembali meneguhkan hati kita.
Di tengah banyak suara dan pilihan,
kita mengingat siapa yang benar-benar layak disembah.
Kita tidak berdiri di atas kekuatan sendiri,
melainkan di atas pengorbanan Kristus.

Salib-Nya menjadi dasar hidup kita,
dan kasih karunia-Nya menopang langkah kita.
Saat kita mengakui Yesus sebagai Tuhan Allah kita,
hati kita diarahkan kembali pada kebenaran.
Kita belajar untuk percaya,
dan membiarkan hidup kita dipimpin oleh-Nya.

Doa

Tuhan Yesus, kami bersyukur kepada-Mu.
Engkau satu-satunya Tuhan dalam hidup kami.
Terima kasih atas kasih karunia
dan keselamatan yang Kau berikan.
Pimpin hati kami hari ini.
Teguhkan iman kami.
Biarlah hidup kami
setia menyembah dan memuliakan nama-Mu.
Amin.

BAGIAN II — KASIH YANG MENYELAMATKAN

(S*alib & Kasih Karunia)*

Di bagian ini, kita berhenti di hadapan salib.
Bukan untuk menilai diri kita,
Melainkan untuk mengingat kasih yang lebih dahulu menjangkau kita.
Keselamatan tidak lahir dari usaha kita,
Tetapi dari kasih Tuhan yang rela berkorban.
Salib menjadi tempat di mana dosa dihadapi,
Dan kasih dinyatakan sepenuhnya.
Puisi-puisi di bagian ini mengajak kita
Memandang kembali karya Yesus—
Pengorbanan yang membebaskan,
Kasih karunia yang memulihkan,
Dan anugerah yang tidak dapat kita balas.
Kita datang apa adanya,
Membiarkan kasih-Nya menyelamatkan,
Dan belajar menerima hidup
Sebagai pemberian yang penuh kasih.

Ayat Alkitab

"Ia sendiri telah memikul dosa kita di dalam tubuh-Nya di kayu salib, supaya kita yang telah mati terhadap dosa, hidup untuk kebenaran."

— 1 Petrus 2:24

Puisi

Karya Salib-Mu

Yesus Kau datang ke dunia
Kau tebus dosa manusia
Kau beri keselamatan bagi kami umat-Mu
Kau rela berkorban demi kami
Kau disalib oleh dunia
Untuk menyelamatkan manusia berdosa
Karya salib-Mu tiada ternilai
Karya salib-Mu selamatkan kami
Yesus Kau turun ke bumi
Kau hapus pelanggaran kami
Kau bebaskan kami dari belenggu dosa
Kau rela disiksa demi kami
Kau disalib oleh dunia
Untuk menyelamatkan manusia berdosa
Karya salib-Mu tiada taranya
Karya salib-Mu bebaskan kami
Yesus Juruselamat dunia
Yesus Penebus dosa manusia
Terpujilah Engkau sebab kasih-Mu kekal
Terpujilah Engkau untuk selama-lamanya

Renungan

Hari ini kita duduk sejenak
di hadapan salib.
Di sana, kita melihat kasih
yang tidak menuntut balasan.
Salib mengingatkan kita

bahwa keselamatan bukan hasil usaha kita.
Ia adalah pemberian—
kasih yang rela terluka
agar kita dipulihkan.
Kita tidak perlu menyembunyikan kegagalan
atau membuktikan kelayakan.
Di salib, kita diterima apa adanya
dan dibebaskan untuk hidup kembali.
Kita memulai hari ini
dengan hati yang bersyukur,
karena kasih-Nya telah lebih dahulu
menyelamatkan kita.

Doa

Tuhan Yesus, hari ini kami mengingat salib-Mu.
Terima kasih atas pengorbanan
yang menyelamatkan hidup kami.
Kami datang apa adanya.
Terimalah hati kami yang lemah
dan pulihkan kami oleh kasih-Mu.
Biarlah hari ini kami berjalan
dalam syukur dan ketaatan,
sebagai mereka yang telah Kau bebaskan.
Amin.

Ayat Alkitab

"Karena begitu besar kasih Allah akan dunia ini, sehingga Ia telah mengaruniakan Anak-Nya yang tunggal, supaya setiap orang yang percaya kepada-Nya tidak binasa, melainkan beroleh hidup yang kekal."

— *Yohanes 3:16*

Puisi

Karya Kasih Yesus

Yesus datang ke dunia
Firman menjadi manusia
Raja dunia lahir di palungan
Dia jadi hina demi kita
Disalib dan dihujat
Oleh darah Anak Domba
Hapuskan dosa manusia
Karya kasih Yesus sempurna
Yesus beritakan kebenaran
Firman yang memerdekakan
Penyelamat dunia ditolak manusia
Dia jadi korban untuk kita
Ditampar dan dicambuk
Menderita demi kita semua
Hancurkan belenggu dosa
Karya kasih Yesus mulia
Kasih-Nya membebaskan kita
Bilur-Nya sembuhkan kita
Firman-Nya menuntun kita
Karya kasih Yesus menghidupkan
Roh-Nya memberi pengharapan
Terpujilah Yesus Allah kita
Kasih sempurna hanya ada dalam Yesus
Biarlah segala yang bernafas memuji Tuhan

Renungan

Hari ini kita mengingat kasih
yang memilih untuk turun dan tinggal bersama manusia.
Kasih diketahui bukan dari kata-kata,
melainkan dari pengorbanan.
Kita melihat Yesus yang rela direndahkan,
ditolak, dan menderita.
Bukan karena kelemahan,
melainkan karena kasih yang ingin menyelamatkan.
Di dalam karya kasih-Nya,
kita menemukan kebebasan dan pengharapan.
Kasih itu tidak memaksa,
tetapi mengundang kita untuk hidup
dalam terang dan kebenaran.
Kita memulai hari ini
dengan hati yang kembali percaya
bahwa kasih-Nya cukup
untuk menopang hidup kita.
Doa
Tuhan Yesus, kami bersyukur atas kasih-Mu.
Terima kasih karena Engkau rela berkorban
demi menyelamatkan kami.
Biarlah kasih-Mu tinggal di hati kami hari ini.
Tuntun langkah kami oleh firman-Mu.
Hidupkan kami kembali
untuk memuliakan nama-Mu.
Amin.

Ayat Alkitab

"Apabila Anak itu memerdekakan kamu, kamupun benar-benar merdeka."

— Yohanes 8:36

Puisi

Allah Pembebasku

Saat ku hidup dalam kegelapan
Roh-Mu datang dalam hidupku
Darah-Mu sucikan aku
Yesus Kau Penebusku
Kaulah Allah Pembebasku
Tak lagi kuterikat dalam belenggu dosa
Kaulah Allah Penyelamatku
Tak lagi kudidikte oleh cara hidup dunia
Saat kegelapan kembali menyerangku
Firman-Mu teguhkan langkahku
Janji-Mu hibur diriku
Yesus Kau Penyembuhku
Kaulah Allah Pembebasku
Tak lagi kuterikat dengan hal-hal duniawi
Kaulah Allah Penyelamatku
Tak lagi kudengarkan suara dagingku
Kau selamatkanku menurut kasih setia-Mu
Kau bebaskanku sebab Kau perkasa
Kasih-Mu cukup bagiku
Kau terima aku apa adanya
Kasih-Mu sempurnakanku
Kau peduli kesejahteraanku
Kaulah Allah Pembebasku
Tak lagi kuterikat dalam belenggu dosa
Kaulah Allah Penyelamatku
Tak lagi kudidikte oleh cara hidup dunia

Terima kasih Bapa
Terima kasih Yesus
Terima kasih Roh Kudus

Renungan

Hari ini kita mengingat bahwa kebebasan kita
bukan hasil kekuatan sendiri.
Tuhan datang menjumpai kita
saat kita masih berada dalam kegelapan.
Pembebasan tidak selalu berarti
hidup tanpa pergumulan,
tetapi hidup yang tidak lagi dikuasai oleh dosa
dan ketakutan lama.
Saat kelemahan datang kembali,
kita diingatkan oleh firman dan janji-Nya.
Kita tidak berjalan sendirian.
Kasih-Nya cukup,
dan kita diterima apa adanya.
Kita memulai hari ini
sebagai orang-orang yang telah dibebaskan,
berjalan dalam terang dan pengharapan.

Doa

Bapa, kami bersyukur atas kebebasan
yang Engkau berikan kepada kami.
Terima kasih karena Engkau menerima kami
dan memerdekakan hidup kami.
Teguhkan langkah kami hari ini.
Jauhkan kami dari belenggu yang lama.
Biarlah kami hidup
dalam terang dan kasih-Mu.
Amin.

Ayat Alkitab

"Sebab karena kasih karunia kamu diselamatkan oleh iman; itu bukan hasil usahamu, tetapi pemberian Allah."

— *Efesus 2:8*

Puisi

Produk Kasih Karunia

Kita manusia telah dikasihi oleh Tuhan
Kita semua adalah produk kasih karunia Allah
Kita semua telah diampuni dosanya
Kita diselamatkan oleh darah Yesus
Takhta Yesus adalah takhta kasih karunia
Kasih karunia-Nya selamatkan kita
Kita dibebaskan dari hukuman kekal
Tak ada penghakiman bagi kita di dalam Kristus Yesus
Kita umat manusia telah disayang oleh Tuhan
Kita semua adalah produk kasih karunia Bapa
Kita semua telah ditebus oleh Yesus
Kita diselamatkan oleh pengorbanan-Nya
Besar kasih karunia Allah pada kita
Sebagai produk kasih karunia, kita akan hidup dalam kasih karunia
Kita akan mengasihi Tuhan dengan segala yang kita punya
Kita akan mengasihi sesama manusia seperti diri sendiri
Kita akan memuji-muji Allah sebab besar kasih karunia-Nya
Kita akan bersorak-sorak sebab penyelamatan-Nya
Kita akan menyembah-Nya dalam Roh dan kebenaran
Kita akan mengucap syukur sebab Tuhan baik
Kita akan nyatakan kasih-Nya dalam hidup kita
Perkataan dan perbuatan kita akan penuh dengan kasih
Saling menghibur, saling mendoakan
Saling mengampuni, saling menguatkan
Saling memperhatikan, saling menghormati
Saling mengasihi, saling melayani

Kita akan lakukan semua karena kita adalah produk kasih karunia Allah

Semua akan kita lakukan demi kasih karunia Tuhan

Renungan

Hari ini kita duduk diam
dan mengingat bahwa hidup kita
bermula dari kasih karunia,
bukan dari kelayakan.
Kita ada di hadapan Tuhan
bukan karena kita sempurna,
melainkan karena kita dikasihi.
Kasih itu menerima,
menyelamatkan,
dan menumbuhkan kita perlahan.
Sebagai produk kasih karunia,
kita belajar hidup dengan hati yang lembut.
Mengasihi tanpa menuntut,
mengampuni tanpa menghitung,
melayani tanpa perlu dilihat.
Hari ini kita berjalan
bukan untuk membuktikan apa-apa,
melainkan untuk memantulkan
kasih yang lebih dulu kita terima.

Doa

Bapa, terima kasih
atas kasih karunia-Mu
yang menopang hidup kami.
Ajari kami hidup di dalam kasih-Mu.
Lembutkan hati kami.
Biarlah hidup kami
menjadi ruang
bagi kasih dan pengampunan-Mu.

Kami menyerahkan hari ini
ke dalam tangan-Mu.
Amin.

Ayat Alkitab

"Siapa yang kupunyai di sorga selain Engkau? Selain Engkau, tidak ada yang kuingini di bumi."

— Mazmur 73:25

Puisi

Tiada yang Lebih Berharga

Hanya Yesus Tuhan yang terutama
Dialah Allah Pencipta manusia
Dia selamatkan hidup kita
Oleh darah-Nya kita diselamatkan
Tiada yang lebih berharga
Hanya pribadi Tuhan yang tak ternilai
Dia lebih dari segalanya
Dalam Tuhan kita temukan kemuliaan
Hanya Yesus Kristus yang termulia
Dialah Allah Penebus dosa kita
Dia berikan hidup yang kekal
Oleh bilur-Nya kita disembuhkan
Tiada yang lebih berharga
Hanya kehendak Tuhan yang berarti
Dialah semua dari yang kita perlu
Dalam Tuhan kita temukan kejayaan
Dia lebih berharga dari hidup
Tak bisa dibandingkan oleh dunia
Tiada yang lebih berharga
Sebab Dialah Pemilik segalanya

Renungan

Hari ini kita berhenti sejenak,
menenangkan hati,
dan membiarkan keheningan
mengingatkan kita akan satu hal:
tidak semua yang berkilau layak dikejar.

Di tengah banyak hal yang menjanjikan makna,
kita perlahan menyadari
bahwa hanya di dalam Tuhan
hati kita benar-benar menemukan rumah.
Bukan karena dunia kehilangan nilainya,
melainkan karena Tuhan jauh melampauinya.
Kita tidak datang kepada-Nya
karena hidup selalu mudah,
tetapi karena tanpa Dia,
segala sesuatu terasa kosong.
Dalam hadirat-Nya,
kita belajar melepaskan
dan mempercayakan diri sepenuhnya.
Doa
Tuhan,
hari ini kami datang dengan hati terbuka.
Ajari kami memilih Engkau
di atas segala hal lain.
Tenangkan keinginan kami
yang sering gelisah oleh dunia.
Biarlah Engkau saja
menjadi harta terbesar kami.
Kami menyerahkan hidup ini
ke dalam tangan-Mu.
Amin.

BAGIAN III — ALLAH YANG DEKAT

(P*enolong & Penghiburan)*

Di bagian ini, kita diajak menyadari bahwa Tuhan tidak jauh.
Ia bukan hanya Allah yang kita sembah,
Melainkan Allah yang berjalan bersama kita.
Di tengah hidup yang lelah,
Pertanyaan yang tak selalu terjawab,
Dan hari-hari yang terasa berat,
Tuhan memilih untuk hadir.
Bukan dengan jarak,
Melainkan dengan kedekatan.
Puisi-puisi di bagian ini berbicara tentang Allah
Yang mendengar keluhan kita,
Menguatkan langkah kita,
Dan tinggal setia di saat kita rapuh.
Kita datang bukan sebagai orang yang sudah kuat,
Melainkan sebagai anak-anak
Yang membutuhkan penolong,
Penghibur,
Dan sahabat yang setia.
Di sini, kita belajar percaya
Bahwa kehadiran-Nya cukup—
Dan kedekatan-Nya
Menjadi tempat kita bernaung.

Ayat Alkitab

"TUHAN itu dekat kepada orang-orang yang patah hati, dan Ia menyelamatkan orang-orang yang remuk jiwanya."

— *Mazmur 34:19*

Puisi

Penolong dan Sahabat

Kau Yesus Allah sejati
Datang memberiku keselamatan
Menolongku keluar dari kegelapan
Menghiburku dengan Roh Kudus
Yesus Penolong dan Sahabat
Menemaniku sejak awal
Tuntun aku dengan firman-Mu
Kanvas kehidupanku Kau lukis
Kau Bapa yang setia
Membebaskanku dari dosa
Tempat perlindungan yang aman
Sandaran ternyaman untukku
Allah Penolong dan Sahabat
Setiap langkahku dituntun Tuhan
Tak ada yang tersembunyi
Semua rahasia hatiku Kau tahu
Dekat denganku selalu
Allah Imanuel
Menyertaiku sepanjang masa
Pertolongan-Mu ajaib
Saat kekhawatiran menghimpit hati
Penghiburan-Mu menyegarkan jiwa
Damai sejahtera memelihara diri
Menolongku dalam kesesakan
Selalu bersamaku setiap waktu
Kasih-Mu tak pernah tinggalkanku

Masa kelam kulewati dengan-Mu
Sukacita Kau janjikan padaku
Penolong dan Sahabat sejati
Kudus dan murni pribadi-Mu
Kucinta Kau selalu
Karena Kau ada untukku

Renungan

Hari ini kita duduk diam di hadapan Tuhan,
tanpa perlu banyak kata.
Kita mengingat bahwa kita tidak berjalan sendiri.
Ada Pribadi yang setia menyertai sejak awal,
bahkan ketika kita tidak menyadarinya.
Dalam kelemahan dan kekhawatiran,
kita belajar bersandar.
Bukan pada kekuatan sendiri,
melainkan pada Tuhan yang mengenal isi hati kita sepenuhnya.
Ia tidak terkejut oleh kerapuhan kita,
Ia justru mendekat.
Kita boleh bernafas dengan lega.
Allah yang kita sembah
adalah Penolong yang hadir,
Sahabat yang tinggal,
dan Bapa yang tidak pergi.

Doa

Tuhan,
kami datang kepada-Mu hari ini
dengan hati yang sederhana.
Terima kasih karena Engkau dekat,
karena Engkau setia menemani langkah kami.
Di saat kami lemah,
jadilah kekuatan kami.
Kami memilih bersandar kepada-Mu hari ini.

Tinggallah bersama kami,
sepanjang waktu yang Kau izinkan.
Amin.

Ayat Alkitab

"Aku akan minta kepada Bapa, dan Ia akan memberikan kepadamu seorang Penolong yang lain, supaya Ia menyertai kamu selama-lamanya."

— *Yohanes 14:16*

Puisi

Roh Penghibur

Kau ada di sini
Allah Roh Kudus
Kau menghibur aku setiap waktu
Kau menguatkanku saat ku lemah
Kau adalah Roh Penghibur
Tempat perlindunganku
Naunganku hari ini
Sampai selamanya kasih-Mu kekal
Kau hadir di sini
Allah Roh Kudus
Kau menyejukkan jiwaku
Kau mengajarkanku untuk berdoa
Kau adalah Roh Penghibur
Kubu pertahananku
Tempat ku berteduh
Untuk selama-lamanya Kau setia
Roh Kudus menghiburku
Roh Allah adalah Roh Penghibur
Roh Allah memerdekakanku
Terpujilah Allah Penghiburku

Renungan

Kita duduk tenang di hadapan Tuhan,
membiarkan keheningan berbicara.
Di saat kata-kata terasa sulit diucapkan,
Roh Kudus hadir,
mengerti isi hati kita yang terdalam.

Kita tidak selalu tahu cara berdoa,
tidak selalu kuat menghadapi hari.
Namun Roh Penghibur
tinggal bersama kita,
menenangkan jiwa,
dan memberi kelegaan yang lembut.
Di hadirat-Nya,
kita boleh berhenti sejenak.
Tidak perlu berpura-pura kuat.
Cukup membuka hati
dan membiarkan Tuhan menghibur kita
dengan cara-Nya sendiri.

Doa

Roh Kudus,
kami bersyukur atas kehadiran-Mu.
Di hari yang hening ini,
kami membuka hati kami.
Tenangkan jiwa kami,
kuatkan langkah kami.
Tinggallah bersama kami hari ini.
Jadilah naungan kami,
dan penghiburan kami.
Amin.

Ayat Alkitab

"Sebab seorang anak telah lahir untuk kita, seorang putra telah diberikan untuk kita; lambang pemerintahan ada di atas bahu-Nya, dan nama-Nya disebutkan orang: Penasihat Ajaib."

— *Yesaya 9:5*

Puisi

Penasihat Ajaib

Yesus telah lahir bagi kita
Dia datang untuk nyatakan hikmat-Nya
Penasihat Ajaib adalah Dia
Setiap perkataan-Nya berkuasa
Penasihat Ajaib telah datang
Dunia tak mengerti ajaran-Nya
Sebab mereka bukan dari Kerajaan Sorga
Hanya kepunyaan Tuhan yang mengerti nasihat-Nya
Firman-Nya menjadi pedang bermata dua
Menyelamatkan kita yang percaya
Menghukum mereka yang tidak percaya
Janganlah jadi bangsa yang tegar tengkuk
Dunia menyalibkan Dia sebab mereka tidak percaya
Kita ditebus sebab kita percaya kepada-Nya
Penasihat Ajaib yang menghibur kita
Firman-Nya menguatkan dan memberkati
Pujilah Sang Penasihat Ajaib
Sebab hikmat-Nya tak terbatas
Kebijaksanaan-Nya menciptakan bumi
Pujilah Dia sebab Dia Ajaib

Renungan

Hari ini kita duduk diam,
menyadari bahwa hidup sering membawa kita
pada persimpangan yang membingungkan.
Ada banyak suara,

banyak nasihat,
namun tidak semuanya menenangkan hati.
Di hadapan Tuhan,
kita diingatkan bahwa kita tidak berjalan tanpa arah.
Ada Penasihat yang lembut,
yang tidak memaksa,
namun setia menuntun melalui firman-Nya.
Hikmat-Nya tidak lahir dari kegaduhan,
melainkan dari keheningan bersama-Nya.
Kita belajar memperlambat langkah,
mendengarkan dengan hati yang terbuka,
dan mempercayakan arah hidup
kepada Dia yang melihat segalanya dengan kasih.
Doa
Tuhan,
hari ini kami datang dengan hati yang rindu dituntun.
Di tengah banyak pilihan,
ajari kami mendengar suara-Mu.
Tenangkan pikiran kami,
dan arahkan langkah kami.
Kami mempercayakan hari ini
ke dalam hikmat-Mu.
Jadilah Penasihat kami,
hari ini dan seterusnya.
Amin.

Ayat Alkitab

"Akulah jalan dan kebenaran dan hidup. Tidak ada seorang pun yang datang kepada Bapa, kalau tidak melalui Aku."

— *Yohanes 14:6*

Puisi

Jawaban Hidupku

Saat kekhawatiran menghimpit jiwa
Kegelapan merundung badanku
Kulihat terang kedamaian
Menyinari relung hatiku
Yesuslah jawaban hidupku
Kelegaan Dia berikan padaku
Kering dahagaku dipuaskan
Bebaskanku dari belenggu dosa
Hangat kasih-Nya kurasakan
Janji berikan hidup kekal
Pelanggaranku dihapuskan
Bahagia selamanya dengan Tuhan
Kuk ringan dari Tuhan
Pikul salib dengan sukacita
Kasih sempurna senangkanku
Damai sejahtera pelihara hatiku
Kemilau wajah-Nya kupandang
Dia hadir menguatkanku
Menyertaiku sampai akhir zaman
Tak pernah aku sendiri
Namaku diingat Tuhan
Tertulis dalam Kitab Kehidupan
Iman telah selamatkanku
Bersyukur aku kepada-Nya
Tuhan adalah jawaban hidupku
Jamahan yang ubahkanku

Membara hati ini untuk-Nya
Tak tahan untuk menyembah-Nya
Hosana bagi Anak Daud
Nyanyi haleluya bagi Yesus
Raja Damai yang perkasa
Kerajaan-Nya mulia selamanya

Renungan

Kita datang hari ini
dengan banyak pertanyaan di dalam hati.
Tidak semuanya memiliki jawaban yang cepat,
tidak semuanya mudah dipahami.
Namun di tengah ketidakpastian itu,
kita menemukan Pribadi
yang tidak berubah.
Kita belajar bahwa jawaban hidup
bukan selalu tentang keadaan yang berubah,
melainkan tentang siapa
yang berjalan bersama kita.
Dalam hadirat Yesus,
kegelisahan mulai mereda,
dan hati kita menemukan arah.
Kita duduk diam,
menyerahkan hari ini sepenuhnya.
Tidak semua harus dimengerti,
cukup percaya
bahwa Tuhan adalah jawaban kita.

Doa

Tuhan Yesus,
hari ini kami datang kepada-Mu.
Di tengah pertanyaan dan kekhawatiran,
kami memilih percaya kepada-Mu.
Jadilah jawaban bagi hidup kami,

hari ini dan selamanya.
Tenangkan hati kami,
tuntun langkah kami,
dan tinggal bersama kami.
Amin.

Ayat Alkitab

"Sekalipun ayah dan ibuku meninggalkan aku, namun TUHAN menyambut aku."

— *Mazmur 27:10*

Puisi

Bapa di Atas Segala Bapa

Kaulah Allah Penyelamatku
Menenun setiap sel tubuhku
Mengenalku sebelum aku ada
Akulah anak kesayangan-Mu
Bapa di atas segala bapa
Tak pernah biarkanku sendiri
Menemani jiwaku selalu
Kau Allah Imanuel
Penolong dan Sahabat
Dalam kesesakan Kau ada
Sukacita surga kuatkanku
Beri aku harapan nyata
Sekalipun manusia meninggalkanku
Tuhan selalu menyambut aku
Tak sedetik pun aku dikhianati
Setia di setiap musim
Kekelaman menyerang ragaku
Tapi Tuhan tetap besertaku
Menghibur kesedihanku
Dia mengenal isi hatiku
Tongkat dan gada-Mu
Menuntun setiap jalanku
Tak mungkin aku tersesat
Sebab Kaulah Gembalaku
Bentuk kebahagiaan sejati
Aku bersuka di dalam-Mu

Seperti anak sayang bapanya
Aku mengasihi Allah Bapaku
Lebih dari segalanya
Kau mengasihiku
Kasih karunia-Mu kekal
Tak ada taranya
Berenang dalam hadirat-Mu
Jiwaku jadi segar
Bertemu muka dengan muka
Membelai wajahku dengan hangat
Hikmat-Mu melampaui pikiranku
Semua tentangku Kau tahu
Bapa di atas segala bapa
Tak terbandingkan kemuliaan-Mu
Akulah anak Tuhan
Rumah Bapa disediakan untukku
Selamanya aku anak-Mu

Renungan

Hari ini kita duduk dengan tenang,
mengingat bahwa kita tidak pernah sendirian.
Di balik semua pengalaman hidup,
ada Bapa yang melihat,
mengenal,
dan mengasihi kita tanpa syarat.
Kita mungkin pernah merasa ditinggalkan,
tidak dimengerti,
atau berjalan sendiri.
Namun di hadapan Tuhan,
kita disambut apa adanya.
Tidak sebagai orang asing,
melainkan sebagai anak.
Kita belajar beristirahat dalam kasih-Nya.

Membiarkan hati kita dipeluk oleh kehadiran-Nya,
dan mempercayakan hidup ini
kepada Bapa di atas segala bapa.

Doa

Bapa,
kami datang kepada-Mu dengan hati yang tenang.
Terima kasih karena Engkau menerima kami
sebagai anak-anak-Mu.
Di dalam kasih-Mu,
kami menemukan rumah.
Tinggallah bersama kami hari ini.
Peluk hati kami,
dan tuntun langkah kami.
Amin.

BAGIAN IV — IDENTITAS & KASIH

(Dikasihi, Dibentuk, Dipeluk)

Di bagian ini, kita diajak berhenti mencari siapa diri kita
Di luar kasih Tuhan.
Bukan prestasi,
Bukan kegagalan,
Bukan juga suara dunia
Yang menentukan nilai kita.
Di hadapan Allah,
Kita dikenal terlebih dahulu sebagai anak.
Dikasihi sebelum dibentuk.
Dipanggil sebelum diutus.
Dipeluk bahkan sebelum kita mengerti diri kita sendiri.
Puisi-puisi di bagian ini berbicara tentang identitas
Yang lahir dari relasi,
Bukan dari usaha.
Tentang kasih yang tidak sekadar diterima,
Tetapi tinggal dan membentuk kita perlahan.
Kita datang apa adanya,
Dengan luka, keraguan, dan harapan yang rapuh.
Dan di sini,
Kita belajar percaya
Bahwa kasih Tuhan cukup
Untuk menamai siapa kita sebenarnya.

Ayat Alkitab

"Lihatlah, betapa besarnya kasih yang dikaruniakan Bapa kepada kita, sehingga kita disebut anak-anak Allah."

— 1 Yohanes 3:1

Puisi

Bapa Sayang Anak-Nya

Kau Allah yang setia
Cinta tulus yang menghibur
Menemaniku setiap waktu
Tangan-Mu menggenggam tanganku
Akulah anak ciptaan Tuhan
Bapa sayang anak-Nya
Memberiku mimpi dan visi
Masa depanku terjamin
Dirawat dari permulaan
Hidupku terlukis indah
Kau ada menuntun jalanku
Sampai akhir Kau setia
Bapa sayang anak-Nya
Lebih hebat dari segalanya
Mengasihi aku yang kecil
Kupuji Kau selalu
Menasihatiku dengan lembut
Mengampuni semua dosaku
Kau jaga aku selalu
Tak berkesudahan kasih-Mu

Renungan

Hari ini kita diingatkan
akan sebuah kebenaran yang sederhana,
namun sering terlupakan:
kita adalah anak yang dikasihi.
Sebelum kita mampu melakukan apa pun,

sebelum kita mengerti arah hidup,
kasih Bapa telah lebih dulu hadir.
Kita tidak perlu membuktikan nilai diri,
karena kasih-Nya tidak bergantung
pada keberhasilan atau kegagalan kita.
Kita duduk tenang dalam hadirat-Nya,
membiarkan hati kita dipeluk oleh kasih
yang lembut dan setia.
Di sana, kita boleh merasa aman,
dan percaya bahwa kita dijaga.

Doa

Bapa,
kami bersyukur atas kasih-Mu
yang tidak berubah.
Terima kasih karena kami diterima
sebagai anak-anak-Mu.
Peluk hati kami hari ini,
dan tuntun langkah kami.
Kami memilih percaya
bahwa kasih-Mu cukup bagi kami.
Amin.

Ayat Alkitab

"Sebab Engkaulah yang membentuk buah pinggangku, menenun aku dalam kandungan ibuku."

— *Mazmur 139:13*

Puisi

Kau Melukis Aku

Tuhan, Kau terhebat
Indah rencana-Mu bagiku
Sejarah hidupku Kau tulis
Masa depan Kau janjikan
Kau melukis aku
Namaku terukir di hati-Mu
Kasih-Mu selamatkanku
Mujizat penuhi hidupku
Yesus, Kau termulia
Sempurna perbuatan tangan-Mu
Kelimpahan selalu Kau kerjakan
Hidup kekal Kau sediakan
Kau melukis aku
Mulia pikiran-Mu untukku
Cinta-Mu bebaskanku
Kuasa-Mu besar atasku
Di kanvas-Mu aku ada
Namaku tertulis di Kitab Kehidupan
Langkahku telah Kau tetapkan
Terpujilah Engkau Tuhan Allahku

Renungan

Hari ini kita duduk dengan tenang,
menyadari bahwa hidup kita bukan kebetulan.
Ada tangan yang bekerja dengan sabar,
menenun hari demi hari
dengan kasih yang setia.

Kita mungkin belum memahami
seluruh gambaran hidup kita.
Ada bagian yang masih kosong,
ada warna yang belum kita mengerti.
Namun kita percaya,
Tuhan sedang melukis dengan maksud yang baik.
Kita boleh menyerahkan diri
kepada Sang Pelukis kehidupan.
Membiarkan Dia membentuk,
mempercantik,
dan menyempurnakan karya-Nya
dalam waktu-Nya sendiri.
Doa
Tuhan,
kami menyerahkan hidup kami
ke dalam tangan-Mu.
Terima kasih karena Engkau
mengenal setiap detail kami.
Bentuklah kami seturut kehendak-Mu,
dan ajar kami percaya pada proses-Mu.
Kami tenang di hadapan-Mu,
hari ini dan seterusnya.
Amin.

Ayat Alkitab

"Aku hendak memuliakan TUHAN pada segala waktu; puji-pujian kepada-Nya tetap di dalam mulutku."

— *Mazmur 34:2*

Puisi

Kusanjung Tinggi Nama-Mu Tuhan

Terpana aku dibuat-Mu
Kemuliaan-Mu Kau pancarkan
Sinar ilahi ubah hidupku
Kau Allah yang sempurna
Kusanjung tinggi nama-Mu Tuhan
Sebab Kau Yang Termulia
Kekal kasih-Mu untukku
Karya salib-Mu tebus aku
Tertegun aku karena-Mu
Keindahan-Mu Kau nyatakan
Jamahan-Mu baharuiku
Kau Pribadi yang terbaik
Kutinggikan nama kudus-Mu Tuhan
Karena Kau layak ditinggikan
Kebenaran telah bebaskanku
Aman aku dalam naungan-Mu
Kau tak pernah terlelap
Menjaga diriku senantiasa
Lebih dari segalanya
Kusanjung tinggi nama-Mu Tuhan

Renungan

Hari ini kita mengarahkan hati kita kepada Tuhan.
Bukan karena hidup selalu mudah,
melainkan karena Dia layak disanjung
dalam setiap keadaan.
Saat kita berhenti sejenak

dan memandang kebesaran-Nya,
hati kita ditarik keluar
dari kegelisahan dan ketakutan.
Pujian bukan sekadar kata,
melainkan sikap hati
yang memilih percaya.
Kita belajar meninggikan Tuhan
di atas segala hal lain.
Dan di dalam penyembahan yang sederhana itu,
kita menemukan ketenangan
dan rasa aman dalam naungan-Nya.

Doa

Tuhan,
hari ini kami datang dengan hati yang tenang.
Kami memilih meninggikan nama-Mu
di atas segala hal.
Terima kasih karena Engkau setia menjaga kami
dan memegang hidup kami.
Terimalah pujian kami,
yang lahir dari hati yang bersyukur.
Amin.

Ayat Alkitab

"Bahwasanya kasih setia TUHAN tidak berkesudahan, rahmat-Nya tidak habis-habisnya, selalu baru tiap pagi; besar kesetiaan-Mu!"

— *Ratapan 3:22–23*

Puisi

Indah Kasih Tuhan

Besar kasih karunia Tuhan dalam hidupku
Indah kasih Tuhan itu tak tergantikan
Tuhan berikan nyawa-Nya untuk aku
Tuhan ingin aku selalu bersama-Nya
Indah kasih Tuhan dalam hidupku
Setiap langkahku dituntun-Nya
Tak pernah dibiarkan-Nya aku sendiri
Dia Allah yang selalu menemaniku
Anugerah Tuhan itu hebat di dalamku
Indah kasih Tuhan itu tiada taranya
Tuhan curahkan darah-Nya untuk aku
Tuhan ingin aku berada di sisi-Nya selalu
Indah kasih Tuhan bagi diriku
Setiap detik aku diperhatikan-Nya
Tak pernah aku ditinggalkan-Nya
Dia Yesus yang setia mengasihiku
Indah kasih Tuhan setiap pagi
Lebih indah dari mentari pagi
Indah kasih Tuhan setiap malam
Lebih indah dari bintang di angkasa

Renungan

Hari ini kita berhenti sejenak
dan mengingat kasih yang tidak pernah pergi.
Kasih Tuhan tidak tergantung pada keadaan,
tidak berubah oleh hari baik atau hari berat.
Dalam kesunyian ini,

kita belajar memperhatikan kembali
betapa setianya Tuhan hadir
di setiap langkah hidup kita.
Kasih-Nya lembut,
namun kuat menopang.
Kita duduk diam dalam kehadiran-Nya,
membiarkan hati kita dipenuhi rasa syukur.
Di sana, kita menemukan ketenangan
karena kita dikasihi dengan kasih
yang indah dan kekal.

Doa

Tuhan,
kami bersyukur atas kasih-Mu
yang selalu menyertai kami.
Terima kasih karena Engkau
tidak pernah meninggalkan kami.
Biarlah kasih-Mu
menjadi terang dalam hidup kami hari ini.
Kami beristirahat dalam kasih-Mu.
Amin.

Ayat Alkitab

"Seperti rusa yang merindukan sungai yang berair, demikianlah jiwaku merindukan Engkau, ya Allah."

— *Mazmur 42:2*

Puisi

Rindukan Peluk-Mu Bapa

Seperti rusa rindukan air
Hatiku menginginkan Tuhan
Kelegaan Engkau sediakan
Tuhanlah air kehidupanku
Aku rindukan peluk-Mu Bapa
Bukanlah jawaban yang kuperlu
Jamahan-Mu ubahkanku
Kasih setia-Mu baharuiku
Bagai Musa lapar akan hadir-Mu
Jiwaku membutuhkan-Mu
Kepuasan Engkau janjikan
Tuhanlah Allah Penjagaku
Aku rindukan peluk-Mu Bapa
Janganlah jauh dariku
Izinkanku dekat dengan-Mu
Ajarkanku untuk mengasihi-Mu
Pelukan Bapa mengubahkanku
Engkau tak mau jauh dariku
Kau rindu bersekutu denganku
Aku ingin bersama-Mu selalu, Bapaku

Renungan

Hari ini kita duduk dalam kerinduan.
Bukan kerinduan akan jawaban cepat,
melainkan kerinduan akan hadirat Tuhan.
Di dalam keheningan,
kita mengakui bahwa yang paling kita butuhkan

adalah kedekatan dengan Bapa.
Sering kali kita datang membawa banyak pertanyaan.
Namun perlahan kita belajar
bahwa pelukan Tuhan lebih menenangkan
daripada penjelasan apa pun.
Di sana, hati kita dipulihkan,
dan jiwa kita menemukan damai.
Kita mengizinkan diri kita
berdiam lebih lama dalam hadirat-Nya.
Tidak tergesa,
tidak menuntut.
Hanya tinggal,
dan dikasihi.
Doa
Bapa,
hari ini kami datang dengan kerinduan.
Kami rindu dekat dengan-Mu,
rindu berdiam dalam pelukan-Mu.
Tenangkan jiwa kami,
dan perbarui hati kami.
Kami ingin tinggal bersama-Mu,
hari ini dan selamanya.
Amin.

BAGIAN V — HIDUP YANG MENYEMBAH

(R*espons Iman & Pujian)*
Di bagian ini, penyembahan tidak berhenti pada kata-kata,
Melainkan mengalir menjadi sikap hidup.
Setelah kita mengenal siapa Tuhan itu,
Dan mengingat kasih-Nya yang setia,
Hati kita digerakkan untuk merespons.
Penyembahan lahir bukan karena keadaan selalu baik,
Melainkan karena Tuhan tetap layak dipuji.
Dalam suka dan duka,
Dalam keheningan maupun sorak,
Kita memilih meninggikan nama-Nya.
Puisi-puisi di bagian ini mengajak kita
Menjadikan hidup sebagai altar.
Mulut yang memuji,
Hati yang tunduk,
Dan langkah yang diarahkan kepada-Nya.
Di sini, kita belajar bahwa menyembah
Bukan hanya apa yang kita ucapkan,
Tetapi siapa kita di hadapan Tuhan.

Ayat Alkitab

"Datanglah, marilah kita sujud menyembah, berlutut di hadapan TUHAN yang menjadikan kita."

— *Mazmur 95:6*

Puisi

Kau Kusembah

Tuhan Yesus Sang Penebus
Darah-Mu sucikanku
Pengorbanan-Mu selamatkanku
Kaulah Sahabat sejatiku
Kau kusembah
Sebab Kaulah yang paling mulia
Kau kusembah
Sebab Kaulah yang terhebat
Tuhan Yesus Sang Penyelamat
Firman-Mu baharui aku
Kebenaran-Mu bebaskan aku
Kaulah Kekasih jiwaku
Kau kusembah
Sebab kasih-Mu kekal
Kau kusembah
Sebab cinta-Mu tak pernah gagal
Hanya Kau yang kusembah
Tiada allah lain selain Engkau yang kusembah
Sebab hanya Kau yang layak kusembah
Kau yang kusembah selama-lamanya

Renungan

Hari ini kita datang dengan hati yang hening,
membawa hidup kita apa adanya.
Penyembahan bukan tentang banyaknya kata,
melainkan tentang arah hati kita.
Kita memilih menundukkan diri di hadapan Tuhan,

mengakui bahwa Dia layak menerima segalanya.
Di tengah kesibukan dan suara dunia,
kita berhenti sejenak
dan mengarahkan pandangan kepada-Nya.
Dalam penyembahan,
kita tidak kehilangan diri kita,
justru kita menemukan siapa kita sebenarnya.
Hati kita digenapi
saat kita meninggikan Tuhan.
Doa
Tuhan,
hari ini kami datang untuk menyembah-Mu.
Terimalah hidup kami
sebagai ungkapan kasih dan syukur.
Arahkan hati kami hanya kepada-Mu,
dan ajar kami hidup dalam penyembahan.
Engkaulah satu-satunya yang layak.
Amin.

Ayat Alkitab

"Biarlah mulutku menyebut-nyebut pujian kepada TUHAN, dan segala yang hidup memuji nama-Nya yang kudus untuk seterusnya dan selamanya."

— *Mazmur 145:21*

Puisi

Mulutku Memuji Nama-Mu

Yesus Kaulah Sahabat
Selalu temani diriku
Tak Kau biarkan sendiri
Kaulah tempat perlindunganku
Mulutku memuji nama-Mu
Ajaib perbuatan-Mu dalam hidupku
Aman aku dalam naungan-Mu
Kau hapus semua pelanggaranku
Yesus Kaulah Tuhanku
Menuntun setiap jalanku
Tak hidup dalam kegelapan
Kaulah Terang Kerajaan Sorga
Menari aku di hadirat-Mu
Mulia firman-Mu membebaskan
Sembuhkan aku yang terluka
Kau tanggung semua dosaku
Lagu pujian dalam hatiku
Mazmur penyembahan di lidahku
Ketetapan-Mu kulakukan
Peringatan-Mu kudengarkan
Bawaku semakin dekat pada-Mu
Menikmati indahnya kasih-Mu
Biar mulutku memuji nama-Mu
Sebab Kau baik bagiku
Air surga legakan jiwaku

Roh Kudus hibur aku
Tak pernah tinggalkanku
Kupuji Kau selama-lamanya

Renungan

Hari ini kita membuka hari
dengan pujian yang sederhana.
Bukan karena segalanya sempurna,
melainkan karena Tuhan tetap setia.
Ketika mulut kita memuji nama-Nya,
hati kita diarahkan kembali
kepada kebaikan yang sering luput kita sadari.
Pujian menjadi napas jiwa,
mengalir pelan,
menenangkan batin.
Kita duduk bersama Tuhan,
membiarkan pujian tumbuh dari rasa syukur.
Di dalamnya,
kita menemukan kekuatan
untuk melangkah hari ini.

Doa

Tuhan,
hari ini kami datang dengan pujian.
Terima kasih atas kebaikan-Mu
yang menyertai hidup kami.
Biarlah mulut kami memuliakan nama-Mu
dalam setiap langkah hari ini.
Kami menyerahkan hari ini kepada-Mu.
Amin.

Ayat Alkitab

"Anak Domba itu layak menerima kuasa dan kekayaan dan hikmat dan kekuatan dan hormat dan kemuliaan dan puji-pujian."

— *Wahyu 5:12*

Puisi

Bagi Anak Domba

Sorakkan nyanyian kemenangan
Yesus tebus dosa kita
Belenggu maut dipatahkan
Mari kita sembah Dia
Haleluya bagi Anak Domba
Takhta-Nya tak tergoyahkan
Hidup kekal telah diberikan
Selamanya kita memuji Tuhan
Ratapan jadi tarian
Air mata tak sia-sia
Penderitaan kita diingat Tuhan
Usaha kita diberkati Tuhan
Mulia bagi Anak Domba
Lagu baru kita nyanyikan
Korban syukur kita naikkan
Setiap hari kita sembah Tuhan
Darah Anak Domba menyelamatkan
Hapus pelanggaran kita
Kasih Yesus sucikan
Dialah Jalan menuju Bapa
Dalam kebenaran kita hidup
Melakukan kehendak Bapa
Bersyukur selalu pada Yesus
Juruselamat yang perkasa
Sampai akhir kita setia
Sebab Dia mengasihi kita

Menyembah Tuhan Yesus Raja
Bapa kekal yang baik
Hidup dalam ketaatan
Melakukan firman Tuhan
Mazmur di lidah kita
Memuji Anak Domba

Renungan

Hari ini kita mengarahkan hati
kepada Anak Domba yang telah berkorban.
Di hadapan-Nya,
kita diingatkan bahwa keselamatan
lahir dari kasih yang rela terluka.
Kita membawa seluruh perjalanan hidup kita—
sukacita dan ratapan,
air mata dan pengharapan.
Tidak ada yang sia-sia di hadapan Tuhan.
Semua dilihat,
semua diingat,
semua ditebus oleh kasih-Nya.
Kita duduk diam,
membiarkan rasa syukur tumbuh perlahan.
Penyembahan kita menjadi jawaban
atas kasih yang lebih dahulu diberikan.

Doa

Tuhan Yesus, Anak Domba Allah,
kami datang dengan hati yang bersyukur.
Terima kasih atas darah-Mu
yang menyelamatkan kami.
Ajari kami hidup setia,
dan memuliakan Engkau
dalam setiap langkah hidup kami.
Kami menyembah-Mu,

hari ini dan selamanya.
Amin.

Ayat Alkitab

"Supaya dalam nama Yesus bertekuk lutut segala yang ada di langit dan yang ada di atas bumi dan yang ada di bawah bumi."

— Filipi 2:10

Puisi

Seluruh Bumi Sujud Menyembah

Yesus datang ke dunia
Kuasa kasih-Nya dinyatakan
Terang kemuliaan dipancarkan
Kebenaran surga yang membebaskan
Seluruh bumi sujud menyembah
Memuji nama Yesus Kristus
Raja Damai yang kekal
Allah Pencipta umat manusia
Belenggu dosa dipatahkan
Di mana kuasa maut?
Kematian telah ditaklukkan
Dosa manusia ditanggung Tuhan
Segala ciptaan mengakui Tuhan
Meninggikan nama Yesus
Penasihat Bijak yang Ajaib
Awal dan akhir segalanya
Anak Domba yang disembelih
Pengorbanan-Nya sempurna
Pengantin Gereja yang kudus
Menyelamatkan umat kesayangan-Nya
Semua lidah akan mengaku
Setiap lutut akan bertelut
Yang bernafas akan terkagum
Seluruh bumi sujud menyembah
Allah Bapa yang kekal
Anak Allah Yesus Kristus

Allah Roh Kudus
Haleluya, haleluya

Renungan

Hari ini kita berhenti sejenak
dan memandang kebesaran Tuhan.
Di tengah dunia yang bising,
kita mengingat bahwa ada satu nama
yang ditinggikan di atas segala nama.
Penyembahan mengembalikan arah hidup kita.
Ia mengingatkan bahwa kita bukan pusat segalanya.
Di hadapan Tuhan,
kita belajar merendah,
melepaskan keakuan,
dan mengakui kemuliaan-Nya.
Kita duduk dalam keheningan,
membiarkan hati kita tunduk perlahan.
Bukan karena dipaksa,
melainkan karena kita melihat
betapa layaknya Dia disembah.

Doa

Tuhan,
hari ini kami merendahkan diri di hadapan-Mu.
Kami mengakui kebesaran-Mu
dan kemuliaan nama-Mu.
Ajar kami hidup dengan hati yang tunduk,
dan menyembah-Mu dengan segenap hidup kami.
Terimalah pujian kami,
hari ini dan selamanya.
Amin.

Ayat Alkitab

"Karena itu Allah sangat meninggikan Dia dan mengaruniakan kepada-Nya nama di atas segala nama."

— Filipi 2:9

Puisi

Semua Lidah Akan Mengaku

Terpujilah Yesus sang Penebus
Firman-Nya dinyatakan kepada dunia
Nama-Nya diberitakan sampai ke ujung bumi
Yesuslah Raja atas semesta
Semua lidah akan mengaku
Bahwa Yesus adalah Allah
Tuhan atas segala makhluk
Raja atas segala raja
Haleluya bagi Yesus Tuhan
Roh-Nya menghidupkan manusia
Kuasa-Nya menumbuhkan iman
Yesuslah Tuhan, Pencipta segala
Setiap lutut akan bertelut
Menyembah Yesus Anak Domba
Memuliakan Nama-Nya yang kudus
Nyanyian kemenangan pun terdengar
Langit dan bumi bersukacita
Ciptaan turut menyambut Dia
Semua lidah akan mengaku
Bahwa Yesus adalah Tuhan

Renungan

Hari ini kita duduk bersama
dalam hening yang lembut.
Kita tidak perlu banyak kata,
sebab kebenaran itu sudah berdiri tegak
di hadapan kita.

Ada saatnya iman tidak lagi berdebat,
tidak lagi membuktikan,
melainkan berserah dan mengaku.
Kita mengingat bahwa suatu hari
segala yang bernafas akan sepakat:
Yesus adalah Tuhan.
Di keheningan ini,
kita melatih hati untuk mengaku lebih dulu—
bukan dengan suara keras,
melainkan dengan hidup yang tunduk
dan percaya.

Doa

Tuhan Yesus,
di hari yang tenang ini kami datang kepada-Mu.
Kami mengaku Engkaulah Tuhan kami,
Raja atas hidup kami.
Lembutkan hati kami
agar setiap hari hidup kami
menjadi pengakuan bagi nama-Mu.
Terimalah hidup kami
sebagai pujian yang sederhana.
Amin.

BAGIAN VI — HIDUP YANG DIPERSEMBAHKAN

(K*etaatan & penyerahan)*
Pada akhirnya, penyembahan tidak berhenti di bibir.
Ia turun perlahan ke dalam keputusan,
Ke pilihan-pilihan kecil yang kita buat
Saat tidak ada yang melihat.
Di bagian ini, kita tidak lagi berdiri mengagumi,
Melainkan menunduk menyerahkan diri.
Bukan karena terpaksa,
Melainkan karena kasih telah lebih dulu memanggil kita pulang.
Hidup yang dipersembahkan
Bukan hidup yang sempurna,
Tetapi hidup yang tersedia.
Hidup yang berkata,
"Ambillah aku apa adanya,
Dan jadikanlah aku milik-Mu sepenuhnya."
Di sini ketaatan lahir dari kepercayaan,
Dan penyerahan bertumbuh dari kasih.
Kita belajar mencari wajah-Nya lagi dan lagi,
Memuji nama-Nya bukan hanya saat mudah,
Dan mengasihi Yesus dengan seluruh keberadaan kita.
Bagian terakhir ini adalah doa yang berjalan,
Iman yang bernapas,
Dan kehidupan yang dengan tenang berkata:
Seluruh hidupku adalah milik Tuhan.

Ayat Alkitab

"Supaya dalam nama Yesus bertekuk lutut segala yang ada di langit dan yang ada di atas bumi dan yang ada di bawah bumi."

— *Filipi 2:10*

Puisi

Tunduklah dalam nama-Nya

Hai, umat manusia
Jangan keraskan hatimu
Akuilah Yesus sebagai Juruselamatmu
Dialah Tuhan Allah Rajamu
Tunduklah dalam nama-Nya
Sembahlah Dia selalu
Singkirkan berhalamu
Jadikan Dia yang terutama
Pujilah nama Yesus
Dia baik pada umat-Nya
Tak pernah ditinggalkan sendiri
Kasih setia-Nya menyertai orang yang percaya
Jangan ada allah lain dalam hidupmu
Hanya Yesus yang layak disembah
Pujilah nama-Nya setiap saat
Ada keselamatan dalam nama Kristus
Tunduklah dalam nama-Nya
Nama di atas segala nama
Nama yang memulihkan
Nama Yesus yang menyelamatkan manusia

Renungan

Hari ini kita duduk diam di hadapan Tuhan.

Tidak tergesa, tidak perlu membuktikan apa pun.

Kita hanya datang dengan hati yang mau dilembutkan.

Menunduk bukan berarti kalah.

Menunduk adalah keberanian untuk percaya

bahwa hidup kita aman di tangan-Nya.
Di hadapan nama Yesus, kita tidak perlu mengeraskan diri,
tidak perlu mempertahankan kendali.
Kita diundang untuk melepaskan apa pun
yang diam-diam mengambil tempat Tuhan di hati kita.
Bukan dengan paksaan,
melainkan dengan kesadaran bahwa hanya Dia
yang sungguh layak diutamakan.
Saat kita menunduk,
kita menemukan kelegaan.
Saat kita mengakui nama-Nya,
kita diingatkan bahwa keselamatan bukan hasil usaha kita,
melainkan anugerah yang diterima dengan percaya.
Doa
Tuhan Yesus,
hari ini ini kami datang dengan hati yang terbuka.
Kami ingin belajar menunduk di hadapan nama-Mu.
Lembutkan hati kami
saat kami mudah mengeraskan diri.
Singkirkan apa pun yang menggantikan Engkau
sebagai yang terutama dalam hidup kami.
Ajari kami mempercayakan hidup kami sepenuhnya kepada-Mu.
Biarlah nama-Mu kami agungkan,
dengan hati yang taat dan tenang.
Amin.

Ayat Alkitab
"Carilah TUHAN dan kekuatan-Nya, carilah wajah-Nya selalu."
— *Mazmur 105:4*
Puisi
Kucari wajah-Mu lagi
Engkaulah Allah Bapaku
Kau angkatku jadi anak-Mu
Aku bersyukur oleh kemurahan-Mu
Kau bertemu denganku oleh Roh-Mu
Kenikmatan Kau janjikan
Hadirat Tuhan menyegarkanku
Kucari wajah-Mu lagi
Sebab Kau adalah jawaban hidupku
Kasih-Mu cukup bagiku
Kelegaan Kau berikan bagiku
Sukacita mengalir dalamku
Kau beri aku kekuatan ilahi
Bagai rajawali aku akan terbang
Menari di awan surga
Bertemu muka dengan muka
Aku rindu berjumpa dengan-Mu
Kucari wajah-Mu lagi
Terang kemuliaan terpancar
Mengusik kegelapan hatiku
Damai sejahtera Tuhan menyelimutiku
Renungan
Hari ini kita duduk bersama dalam keheningan.
Tidak membawa tuntutan, tidak mengejar hasil.
Kita hanya datang dengan kerinduan sederhana:
mencari wajah Tuhan lagi.
Kita menyadari bahwa hidup sering memberi banyak suara,
namun hanya satu hadirat yang sungguh menyegarkan jiwa.

Di hadapan-Nya, kita tidak perlu berpura-pura kuat.
Kita boleh lelah, boleh kosong, boleh rindu.
Mencari wajah Tuhan bukan tentang jarak yang jauh,
melainkan tentang hati yang kembali menghadap.
Saat kita memilih untuk datang lagi,
damai itu pelan-pelan menyelimuti,
dan terang-Nya menyentuh bagian hati yang gelap.
Mari kita tinggal sejenak,
menikmati bahwa Dia berkenan ditemui.
Doa
Tuhan,
hari ini kami datang mencari wajah-Mu lagi.
Bukan karena kami kuat,
melainkan karena kami membutuhkan-Mu.
Tenangkan hati kami di hadirat-Mu.
Biarlah kasih-Mu cukup bagi kami hari ini.
Selimuti kami dengan damai-Mu,
dan kuatkan langkah kami berjalan bersama-Mu.
Kami memilih tinggal dekat dengan-Mu.
Amin.

Ayat Alkitab

“Sebab itu Allah sangat meninggikan Dia dan mengaruniakan kepada-Nya nama di atas segala nama.”

— Filipi 2:9

Puisi

Pujilah nama Yesus

Yesus mati bagi dosa kita
Darah-Nya tercurah
Bukti kasih-Nya bagi kita
Memberi hidup kekal bagi yang percaya
Pujilah nama Yesus
Penyelamat kita yang abadi
Membebaskan dari belenggu dosa
Kutuk diganti menjadi berkat
Dia bangkit mengalahkan maut
Ada hari esok yang dibukakan bagi kita
Roh Kudus tinggal di dalam kita
Menuntun kita dalam kebenaran
Sorakkan haleluya
Bagi Anak Domba yang ajaib
Menyinari hidup kita dengan terang surga
Mengulurkan tangan-Nya kepada setiap kita
Tak lagi kita berjalan dalam kegelapan
Kita menyembah Gembala Agung kita
Kasih setia-Nya tak pernah berubah
Pujilah nama Yesus

Renungan

Hari ini kita duduk bersama dalam diam.
Kita mengingat satu nama yang menopang hidup kita: Yesus.
Di tengah segala kelemahan dan perjalanan yang tidak selalu mudah,
kita diingatkan bahwa ada kasih yang sudah lebih dulu dicurahkan.
Bukan karena kita layak,

melainkan karena Dia setia.
Memuji nama Yesus bukan sekadar kata di bibir,
tetapi pengakuan lembut di dalam hati
bahwa kita tidak berjalan sendirian.
Ada terang yang menyinari langkah kita,
ada tangan yang tetap terulur saat kita goyah.
Mari kita izinkan pujian itu lahir dari keheningan,
sebagai napas syukur yang pelan,
sebagai kepercayaan yang sederhana:
Yesus cukup bagi kita hari ini.
Doa
Tuhan Yesus,
hari ini kami memuji nama-Mu dengan hati yang tenang.
Terima kasih untuk salib dan kebangkitan-Mu
yang memberi kami harapan baru.
Tinggallah bersama kami hari ini.
Pimpin langkah kami dengan terang-Mu.
Ajari kami hidup dalam syukur dan ketaatan,
sambil terus meninggikan nama-Mu.
Kami menyerahkan hari ini ke dalam tangan-Mu.
Amin.

Ayat Alkitab

"Kasih kita kepada Allah ialah karena Allah lebih dahulu mengasihi kita."

— 1 Yohanes 4:19

Puisi

Aku cinta Yesus

Yesuslah Juruselamatku
Dialah Penolong sejatiku
Membebaskanku dari dosa
Aku telah ditebus
Keselamatan datang kepadaku
Aku cinta Yesus
Kasih-Nya memulihkanku
Menyucikan dari segala yang jahat
Tuhanlah Penyelamatku
Dialah Gunung batuku
Tempatku berlindung dan diam
Hidupku dijaga oleh-Nya
Kebebasan hadir bagiku
Aku cinta Yesus
Cinta-Nya memurnikanku
Membentukku serupa dengan hati-Nya
Kunyatakan isi hatiku di hadapan-Nya
Inilah kerinduan Bapa
Menyerahkan diri tanpa syarat
Aku cinta Yesus

Renungan

Hari ini kita tidak datang membawa banyak kata.

Kita hanya duduk, diam, dan membiarkan kasih itu mengingatkan kita

siapa yang terlebih dahulu mencari.

Di hadapan Tuhan, kita belajar bahwa mengasihi

bukanlah usaha keras untuk membuktikan sesuatu,
melainkan respons yang lahir dari hati yang telah disentuh.
Kita mengasihi karena kita lebih dulu dikasihi,
dipeluk, dan diterima apa adanya.
Saat kita berkata pelan, "aku cinta Yesus,"
sebenarnya kita sedang mengakui ketergantungan kita.
Bahwa tanpa-Nya, kita rapuh.
Dan bersama-Nya, kita cukup.
Mari kita tinggal sejenak dalam kesadaran ini,
membiarkan kasih-Nya menenangkan jiwa,
dan mengajar kita mengasihi dengan tulus hari ini.
Doa
Tuhan Yesus,
hari ini kami datang dengan hati yang sederhana.
Terima kasih karena Engkau lebih dahulu mengasihi kami
dan memanggil kami menjadi milik-Mu.
Ajari kami tinggal di dalam kasih-Mu hari ini.
Biarlah setiap langkah, kata, dan keputusan
lahir dari kasih kepada-Mu.
Kami menyerahkan diri kami ke dalam tangan-Mu,
dengan tenang dan penuh percaya.
Amin.

Ayat Alkitab

"Karena itu, saudara-saudara, demi kemurahan Allah aku menasihatkan kamu, supaya kamu mempersembahkan tubuhmu sebagai persembahan yang hidup, yang kudus dan yang berkenan kepada Allah: itu adalah ibadahmu yang sejati."

— *Roma 12:1*

Puisi

Kuberikan Seluruh Hidupku

Tuhan, Engkau sungguh baik
Nyawa-Mu Kau berikan bagiku
Aku bersyukur di hadapan-Mu
Kunaikkan korban pujian bagi-Mu
Kuberikan seluruh hidupku
Harum di hadapan-Mu, ya Tuhan
Persembahan hidup yang sejati
Taat berjalan dalam firman-Mu
Mulutku memuji nama-Mu
Tanganku menulis kebaikan-Mu
Kakiku melangkah menolong yang lemah
Mataku memancarkan kasih Kristus
Terimalah korban syukurku
Ibadah yang lahir dari hati
Kuserahkan jiwa dan ragaku
Tak ada allah lain dalam hidupku
Engkaulah yang terutama selamanya
Kuberikan seluruh hidupku
Dari awal hingga akhir waktu
Aku milik-Mu, dan Engkau milikku

Renungan

Di hari yang hening ini, kita tidak datang untuk menawar hidup.

Kita datang untuk menyerahkannya.

Bukan karena hidup kita sempurna,

melainkan karena kasih Tuhan telah lebih dahulu sempurna bagi kita.

Saat kita berkata, "kuberikan seluruh hidupku,"
kita sedang belajar percaya sepenuhnya.
Bahwa setiap napas, setiap langkah,
bahkan setiap kelemahan, aman di tangan-Nya.
Penyerahan bukan kehilangan.
Ia adalah pulang.
Pulang ke maksud semula,
pulang ke hati Bapa yang setia memelihara.
Mari kita duduk sejenak,
membiarkan hidup kita berdiam di hadapan-Nya,
menjadi persembahan yang tenang,
dan berkenan bagi-Nya.

Doa

Tuhan,
hari ini kami datang dengan hati yang terbuka.
Kami menyerahkan hidup kami apa adanya,
tanpa syarat dan tanpa cadangan.
Terimalah jiwa dan raga kami
sebagai persembahan yang hidup.
Ajari kami berjalan setia hari ini,
tinggal dalam kehendak-Mu,
dan bersandar penuh pada kasih-Mu.
Kami milik-Mu, ya Tuhan.
Amin.

Terima kasih telah membaca!

Jika kamu meninggalkan ulasan untuk bukuku, kirim email ke abrahamreymond02@gmail.com, dan aku akan mengirimkan puisi bonus eksklusif khusus untukmu!

Don't miss out!

Visit the website below and you can sign up to receive emails whenever Abraham Reymond publishes a new book. There's no charge and no obligation.

https://books2read.com/r/B-A-ODCLD-XBTYI

Also by Abraham Reymond

7 Deadly Sins in Poetry
My Thief of Joy
Romanticized Sin

Darkness of Entertainment Industry
When Art Stands Above Life
Genius Lost in Silence
Art As Slavery

Heartbreak
Unreachable, Unavailable
Kekasih orang
Just A Dead Star
Will You Love a Depressed Person?
Puisi Novel Kekasih Orang

History of mankind
Verses of Three Kingdoms

Household Poetry

Kitchen Psalms

Daily Baptism

The Child's Dreamroom

Lamentation

Not Dead, Not Living

Meratapi Nasib

How the Star Has Fallen

Death Is a Blessing

Lament of Sacred Spaces

Not Everyone Is Chosen

Puisi Renungan: Meratapi Nasib

Praise & Worship Collection

The Epitome of Beauty

God of My Youth

Psalms For Children

Tuhan yang indah

Worship in Heartbreak

Registered in Heaven

Romance in the air

One Love Until the End

Senyuman yang kusuka

Girl of My Dreams

Sanctuary of the Parents
Renungan: Senyuman yang Kusuka

Romantic Novel in Verse
One Love Until the End: A Novel in Verse

The wonders of nature
God's Breath of Life
The Rooted Ones

The Work of Worship
The Work of Worship I: Prayer

Verses of animals and beasts
Ancient Echoes: Creatures of Old
Mythbeasts: Songs of the Imagined
Mythbeasts: Songs Of The Imagined, Illustrated Edition
Songs Beneath the Water

Wisdom Psalms
Wake up, sleeper
Berbahagialah
The Wisdom Chronicles
Building Churches in Our Youth
Money As My Servant

Their First Church is You
Leadership Born From Depression

Worship Poetry Devotional
The Epitome of Beauty: A Poetry Devotional
God of My Youth: A Poetry Devotional
Tuhan yang Indah: Puisi Renungan

Standalone
Things We Overlook: A Mall Poetry Collection
Bites & Rhymes
Foundation of Logic And Reality
Girl of My Dreams
Girl of My Dreams: Illustrated Edition
Love in Style
Will You Love a Depressed Person?: Novel in Verse
Wake Up, Sleeper: A Poetry Devotional
Things We Overlook — Illustrated Edition
The Days When Magic Broke
Unreachable, Unavailable – A Novel in Verse
Atlas of the Endless Realms
The Martial Muse
Illustrated Bites & Rhymes

Watch for more at patreon.com/Reymondpoems.

About the Author

Abraham Reymond is a passionate poet whose work explores the quiet corners of life, the ache of unspoken emotions, the presence of faith, and the wonder found in both the ordinary and the imagined. His poems reflect themes of spirituality, love, heartbreak, and the overlooked moments that make us human.

With clarity, consistency, and a heart full of discipline, Reymond turns silence into verse—sharing honest, reflective poetry that speaks to readers from all walks of life. Whether rooted in reality or inspired by fantasy, every line he writes is a piece of his soul.

He shares his poetry daily across platforms and is committed to building a lasting legacy, one poem at a time. Read his fantasy books for FREE at Patreon

Read more at patreon.com/Reymondpoems.

About the Publisher

Infinite Verse is a poetry-driven creative brand founded by Abraham Reymond, offering spiritually rich, emotionally resonant writing across digital and print platforms. Its mission is to glorify God through literature, build churches in hearts, and inspire readers to find purpose in every verse.

www.ingramcontent.com/pod-product-compliance
Lightning Source LLC
LaVergne TN
LVHW060302051026
849517LV00003B/930
* 9 7 9 8 2 3 3 2 1 3 2 7 4 *